增補四庫未收方術彙刊［第一輯］

謝路軍 鄭同 主編

奇門廬中闡秘

［漢］諸葛武侯◎撰

九州出版社

奇門廬中闡秘目錄

諸葛武侯 註

奇門秘受分類禨占

雨暘占

凡占晴以天英為主占雨以天蓬為主所遇相生相尅以決有無專以直符直使加臨互斷之

符 九天日月風雨梅明　螣 雷電虹霓　陰 霜雪水凍陰雲

六 和風麗日　勾 露沙沉海　白 疾風暴雨　朱 天鼓雷雲

玄 密雲細雨　地 陰暗苦寒　天 晴空爽氣

坎休 白雲甘露苦寒細雨　艮生 龍神狂風黃沙虹烟瘴氣

震傷 青氣雷電風雪迅雷　巽杜 虹霓閃電光霹靂

離景 虹霓赤日日光霞彩　坤死 陰風寒凍水母冰霜沙瘴

兌驚 狂風雷電虹霓　乾開 彩雲為水神霹靂雷電

甲 青旭日　乙 青龍和風麗日

丙 朱雀　丁 朱雀景星卿雲

戊 勾陳 霧露迷濛 熯温瘴氣

庚 白虎 雷雹 電雪

壬 玄武 疾風暴雨 水神

蓬 烏雲蒼龍怪風 為雨為水神為露

沖 風雹晴爽 為雷祖

己 勾陳 黃雲 嵐氣

辛 白虎 霹靂 嚴霜

癸 玄武 濛雨 虹霓凝水 肅氣 水神

任 霧瘴風沙 為雲

輔 虹霓祥雲 為風伯

禽 晴風淑氣爽籟甘露 東雲西霧以壬午分之

芮 霧氣陰霾 黃沙為露

心 雷電 寒光為雪 赤霞 白氣

英 彩雲晴嵐霓雹 母為日為火神

柱 風霜 霹靂 寒水 雨師

右九星所屬即八門之所屬其風雨雷電大小有無以暫終以時令之旺相休囚別之此秘訣也

一申子辰　二坤艮羅土　三寅午戌

節水局　節　節火局

四　五　六

氣金局　氣　氣火局

七巳酉秋　八辰戌丑未四庫土　九亥卯未

木直符加九星所主
木直符加天蓬主多風微雨有雷聲
木直符加天任天禽天芮主大風以大雨一陣
木直符加天冲天輔主狂風三朝
木直符加天柱天心主連日陰霾細雨遇杜門有風
木直符加天英主先風而後晴有電光日色
火直符加九星所主
火直符加天蓬主先晴而後雨

火直符加天英主大晴晚多霞彩遇景門大旱
火直符加天冲天輔主半日風雷半日晴
火直符加天任天禽天芮主細雨後大晴
火直符加天柱天心主雲霹靂後半日晴
土直符加九星所主
土直符加天蓬主陰遇財星有雨
土直符加天英主半陰半晴浮雲滿空
土直符加天冲天輔主連日大風

土直符加天任天禽天芮主三朝雲霧後晴
土直符加天柱天心主先微晴後細雨不絕
金直符加九星所主
金直符加天蓬主先陰後雨
金直符加天英主先陰雨後大晴
金直符加天冲天輔遇景門主大風後雨
金直符加天任天禽天芮主陰霧濛濛微雨
金直符加天柱天心先小雨長虹後大雨

水直符加九星所主
水直符加天蓬遇休門主連雨月餘不休
水直符加天英主半日晴後陰雨
水直符加天冲天輔主風雨淋漓
水直符加天柱天心主先陰後小雨不止
水直符加天任天禽天芮主連日雲霧不開
木直使加八門所主
木直使加休門主東風先起北方雨至

木直使加景門主東南風微晴
木直使加生門主東北風黃雲起
木直使加死門主西南風陰霧
木直使加傷門主東風連朝不止有雷聲
木直使加杜門主東南風赤雲起
木直使加驚門主西風細雨青雲起
木直使加開門主北風後微雨
火直使加八門所主

火直使加休門主南風起北方雨至
火直使加生門主東北風起
火直使加傷門主東風起有霹靂
火直使加杜門主東南風起
火直使加景門主南風連日晴後小雨一陣
火直使加死門主西風無雨
火直使加驚門主西風大霽
火直使加開門主半陰晴有小北風

土直使加八門所主

土直使加休門主陰霧不絶後細雨

土直使加生門主連日陰雲不開

土直使加傷門主雷擊東方樹木

土直使加杜門主西南方有閃電或虹霓

土直使加景門主靜而多雲

土直使加死門主雲霧靉靆不開

土直使加驚門主有西風微雨

土直使加開門主西北方雨至不久

金直使加八門所主

金直使加休門主西風大雨不至

金直使加生門主東北方雨至

金直使加傷門主東風滅細雨來

金直使加杜門主東南旺無雨

金直使加景門主靜晴野外有霞雲

金直使加死門主有微雲細雨雲從西來

金直使加驚門主連日陰後有雨
金直使加開門主西北方雲雨來不久
水直使加八門所主
水直使加休門主陰雨不絕遇壬癸有一旬風雨
水直使加生門主陰晴無雨雖有雨不久
水直使加傷門主雷雨有風從東來
水直使加杜門主有雨雹光東南現
水直使加景門主先晴後雨不久

水直使加死門主浮蔽不雨
水直使加驚門主有西方雨至
水直使加開門主西方雨來不歇

又法視

龍返首主陰　龍逃走主微雨
虎猖狂多風　鳥跌穴主旱
蛇夭矯主霧雹　雀入江主雨
白入熒主晴　熒入白主半陰晴

又訣占云

晴霽青天門　風雲青地戶

門戶合陽宮陽星晴　門戶合陰宮陰星雨

孟甲多陰雨闔陰開晴取仲甲半陰晴闔開細摟尋

季甲晴堪許開闔從星舉

日干為天時干地納音五行陰晴蒂天魁地兮風生

淋地魁天兮空霧氣天地生合論化神金水甘霖

火木霽細觀納音生魁情五行時令消息意假如

占驗雨暘論天乙須究五行起元倒得令失令與格

刑生魁制伏陰晴別太陰玄武司陰雨六合白虎

風雷主螣朱所轄雷電虹勾陳沙霧陰霾取日時

月格刑逢處陰陽星宮雨暘蹤九天九地奇儀到

陽開陰闔透玄妙再占奇儀化為神方位時刻可

參料白虎到與六合乾旺相風生休廢烟朱螣坎

位玄武九主勝客氣雨必然惟有太陰並九地或

晴或陰論宮纏直使各隨本宮求旺氣逢生逐類
樓刑制格害吟反伏陰晴變易有來由休囚死廢
無定據縱有風雨霎時收
三奇六儀所臨宮陰晴魁應好推窮惟忌背令刑墓
格特從三合究其踪
九星陰陽判雨晴符泊旬空未可憑陽宮陽星晴可
必陰宮陰星主晦濛半開半閉晴兼雨內外開閉
先後評

水局主雨金局寒門金符水龍出潭若是符金門到
水只疑飛龍入九淵土局陰霾未有涯時或四野
起黃沙冬深符土門金凍門土符金飛六花符門
間換火木局天地晴和實可誇木局風生火局晴
春夏逢之斷得靈惟忌囚墓廢時日反主風停細
雨零
三門八宮別陰陽奇儀加臨當細詳陽門陽星三奇
會斷定三光出時方陰門陰星三奇會會著之時

不顯揚日月星奇戶照中宮乾巽見三光風雨儀
神會陰星來臨六處陰勢生地四戶兮值陰宮六
儀臨之風雨宗三奇陰星臨墓地必主其光不照
空
孟仲季甲判陰陽從向開門閤細推詳再察符使干
星類會合時令下斷強凡占晴霽論直符九天騰
朱句六以及生景死杜任輔禽英芮星並起元於
火水局為的三奇得位戊己當權陽星開是也

凡占陰雨須論直符九地陰宮白虎以及休驚開傷
蓬柱心冲並起元於金水局為的三奇入墓辛壬
癸當權陰星閤是也
至於跌穴晴風起反首陰雨至然在陽宮主晴在陰
宮主雨虎狂風生龍逃雨止蛇蟜主陰投江主雨
入白而虹霓見入熒而雷電生庚格而陰晴忽變
丙悖而電自乍更羅網四張彤雲密布時日生尅
晴雨真机

此時遇陽星陽門飛臨陽宮又有火土星同宮必定
大晴如陰星陰門合水金星及壬癸休門飛臨陰
宮二局並合相生沐浴者主大雨如注若遇景門
土宿飛臨者主雨晴有時無或日中下雨如陽星
陽門加於陰宮或陰星陰門加於陽宮主半陰半
晴若壬癸及申子辰日時天蓬休門亦主有雨若
遇火土星不逢水日時並沐浴者無雨若遇水星
冲合當有大雨若論風雷雨雪閃電星月雲霧詳

文即日時而可知也　又法云
蓬休被尅則無雨任生被尅則無雲冲傷被尅則無
雷餘類推之犯制迫入墓者亦然以五行之衰旺
分之若土衰水旺水中有木主不能尅雖有雨而
不能久他星倣之
甲為天乙為日丙為月丁為星戊為雲己為霧庚為
風雨雪霜露辛為風壬為雨癸為霧此十干之所
屬也用之生旺休囚論之自乙被尅則日無光丙

被魁則月不明丁被魁則星不現庚被魁則天清
地寧日出風和犯墓制亦然餘倣此
心柱生休則雨大　蓬生傷杜則風雷作
冲輔生景則日現　英生生死二門則雲露重
芮禽任生開驚二門則霜雪降春日　作雨當雷其
衰旺以定風雨之大小
大凡炎性之火從上潤性之水好下天雨必得上生
下下魁上者方雨假如天心生休門為上生下門

門魁震木為下魁上其日必雨如天蓬生傷門休
門魁離火未來始不為上生下上魁下然水生魁
火水氣已淺遇水旺則微雨不大水衰則竟不雨
不可不細別之
占天晴必得生上者方晴如傷杜二門生天英震巽
二宮生景門是為下生上其日必晴
又如天英生景門生坤上火氣已退雖晴必有雲無
日

又是天盤是天英中盤休門生門是景火流宮是坎
水亦為水魁火然水不能以下而魁上遇水旺火
衰則雨日並行火旺則此需之水為烈火所燥為
得望雨
如天英魁驚開二門景門魁乾兑二宮雖為退氣而
水源已絕其情也必矣或星或門得遇本為木宮
一生晴而且久如主是天芮飛是休門亦為水土
魁水然土是上水是下未免不無洩漏況坤乃湿
土非艮土可比應濃雲細雨
天蓬在上生門在下應無雨
如主星主門出自旬空者問雨雨無問日日無如飛
到旬空不拘蓋水火本虛空之物水過空則無阻
火過空則益熖故曰水火不拘空亡且如本占一
數水星水門俱得地三奇不到而雨師玄武天后
俱到雨而必久又更六庚到宮制雨而且狂若來
自巽宮者兼多風來自震宮者多雷來自金宮者

必水霜雪來自離宮者又不應
若数內三奇不到六庚不到雨師玄武又不到只得
水星水門得地旺相時雨而不大因發時暑見雨
意更得審餘宮庚可所落之方位如餘宮乙得地
則日不雨丙丁得地則夜不雨三奇得地而六庚
雖居旺令方不足為累如三奇受制而庚乘進步
雨必大且久
揔之凡百俱以旺相為主五六月火旺水衰所以夏

無雨三冬水旺火衰所以冬無烈日即此可推也

又法云
天蓬遊於坎兌震乘壬癸干或天柱秉壬癸二干遊
於坎兌震三宮或天冲秉壬癸二干遊於坎兌震
三宮入必天英天輔落的天上宮尅地下宮者必
然風雷雲雨交作看落宮得何干以定日期與直
符近則雨速遠則雨遲遊神二主客雲不雨遊於
三一七不乘水神六無雨天英臨日干時干主晴

天英與水冲合魁日干時干主雷電交作或直時臨坤天禽直時上見太冲白虎青龍天罡河魁登明神后神將旺相者多雨又天禽值時值使在坤上見太冲白虎日鬼主雨中有雹

占雷

天冲值時傷門在乾巽上螣蛇朱雀從魁太冲有雷

占晴

天輔為風伯天英為火神天輔秉旺相落離九宮或

魁下地盤或魁日時二干主風晴天英秉旺相落三四宮或魁日時二干亦晴天冲值時傷門在兑巽上見太吉小吉勾陳天后主晴大祇白虎主風玄武主雨再以頂盤八神兼看無不准驗其日期亦以落宮係何干定之又陽星陽干合於陽門之上及有干元帶合則魁日晴陰星陰干全更無干元之合有雨

占雪 占雷

雪以乾兌二宮主之或天心秉壬癸二干到兌或天柱秉壬癸二干到乾皆主雪各以落宮所得之干以定其期或天蓬直時直使在巽見天罡勝光日破主雪中有雷見后陰玄武亥子從魁主大雪朱雀風伯雨師有小雪天蓬六合傷門為直使同會震大雪久陰至雷則以太冲直時傷臨乾巽上見帆雀從魁太冲有雷

地理門

凡占墳墓以直符為占事人以直符所臨之下地無遇九星為亾人直使所臨之下地盤遇門為亡人之墳墓專看其二處彼此相生比合遇旺相之地又三奇六儀扶助是吉地也若亡人魁墓止可發財特不出貴若墓魁亡人必主官非口舌橫事迭出也此凶地也要在驗九星八門生魁以定其吉凶取舍耳

符　塋壙龍神結聚　聚形勢起伏去

陰　穴順起風　右仲昌弓

勾　護沙　内勢拱對

白　外勢右沙

地　穴窩臍　趺歇之情

休　壬子癸黃泉辰　忌辰戌日時

傷　甲卯乙黃泉申　忌庚申日時

螣　道路羅星　對岸去脉

六　向道植樹　左右反弓

朱　明堂　原長水主

玄　山來龍

天　向屏障　照臨之勢

生　丑艮寅黃泉寅　忌丙寅日時

杜　辰巽巳黃泉酉　忌辛酉日時

景　丙午丁黃泉亥
壬忌巳亥日時

驚　庚酉辛黃泉巳
壬忌丁巳日時

甲　黃泉艮庫在未殺
忌寅水向忌流亥

丙　黃泉巽庫在戌殺
忌午水向忌流寅

戊　居坎

庚　黃泉坤庫在丑殺
忌申水向忌流申

死　未坤申黃泉卯
忌乙卯日時

開　戌乾亥黃泉午
忌壬午日時

乙　黃泉巽庫在戌殺
忌壬水向忌流丑

丁　黃泉坤庫在丑殺
忌未水向忌流寅

己　居離

辛　黃泉坤庫在辰殺
忌戌水向忌流寅

壬　黃泉乾庫在辰殺
忌亥水向忌流巳

蓬　水形方尖

冲　木形長斜

禽　土形方正

芮　土形偏側

心　金形開窩

癸　黃泉艮庫在未壬
忌丑水向忌流巳

任　土形曲突

輔　木形秀麗

英　火形尖虛

柱　金形仰鈌

結穴水局　結穴火局

一申子辰　二羅土　三寅午戌

節　節　節

四　五　六

氣　氣　氣

結穴金局　結穴土局　結穴木局

七巳酉丑　八四庫土　九亥卯未

論五行知地之物也

若直使所臨之下

木盛則下古棺朽木或樹木叢雜多風吹

火盛則下有瓦礫石瓶陶冶之物

土盛則有污泥土枯石之物

水盛則下有清泉濕泥黑色之土

金盛則下有金銀銅器鉄石之物

又法

若直符之下
屬木星與墓相生比和六儀三奇扶助旺相則出子
孫清秀聰明正直文章貴顯之人
屬火星與墓相生比和六儀三奇扶助旺相則出子
孫性聰直臣或威武良將多學多能之人
屬土星與墓相生比和六儀三奇扶助旺相則出子
孫敦厚寬仁田地廣闊富貴之人
屬金星與墓相生比和六儀三奇扶助旺相則出子
孫掌兵權鎮守封疆伶俐巧智之人

屬水星與墓相生比和六儀三奇扶助旺相則出子
孫多福祿机會謀畧迥異田地財帛之人

又截法

直符之下屬金直使之下屬土是土能生金又有丙
丁三奇扶之是為上吉地
直符之下屬木直使之下屬水是水能生木又有庚
辛六儀扶之是為吉地

直符之下屬水直使之下屬金是金能生水又有戊
己六儀扶之是為上地
直符之下屬火直使之下屬木是木能生火又有壬
癸扶之是為上地
直符之下屬土直使之下屬火是火能生土又有乙
奇扶之是為上地

論出人性情

金多主性凶暴喜鬪訟舞文

木多主性直戇無私好飄蕩
水多主性柔和慈祥愷悌
火多主性急烈作事敢勇爭先
土多主性重厚端方作事猶豫不定

又法云

迎向朝對看天門擁護過峽看地戶門貴合天乙天
馬三吉門者利戶貴合陰貴九遁五假者佳益甲
看左勢青龍仲甲看中勢頂氣生穴季甲看右勢

主砂水開喜無刑閤忌格內外開閤前後測全開
砂水莫收攔全閤不化無益利
日干為人時干地納音所藏山向穿兩干生合可扦
塋地尅人分不愜意日納山情時納向山向無傷
堪營壙其中有一作刑傷酌分改山與遷向山向
未可尅地元時師點穴未真傳若尅人元亡不利
勸君另議向山看化合中閤定龍神化旺須真假
因因化氣納音相生合得此衣紫與腰金爭若符

使乘健旺始終迪吉可安墳
直符占地大勢形木火土金水類情旺相休囚與孤
虛審時考宮與辨明太陰穴情九地穴明堂路安
考朱雀向對障屏九天門主山砂勢元白陳用神
不犯刑孤格得令生合壙與塋
直使占分山與向其中尊析多情況休囚飛旺可立
塋旺飛休廢莫教創試將飛伏兩參詳與此無傷
宜山向所忌煞曜時日逢端的其山即此狀更忌

此使入此宮宜速改扦方無恙十分查看所主山
莫教鬼魁入關攔尤嫌生臨忌煞位此地當年擬
飛閒甲乙興龍左脉盛制主須教林木茂庚辛眠
卧無驚險昂首冲堂右脉殘丙丁得令排峯秀一
有疵瑕口舌闗壬癸得源來脉厚枯漩休囚後裔
難戊己毯蓋胎息地須要生氣入其間細查便干
旅魁缺堪斷其方缺癈殘子父財官區以別富貴
兒孫一局頌

大抵九星要純粹脱胎入鬼必衰替吉接吉生吉更
多凶助凶威最可畏只要本星生本宮飛伏兩宮
顧祖剎欲查形勢析换情進退加臨考星義旺相
休囚逐以詳便知其形成與廢
九宮起元論山祖元届不孤終堪取若有一局墮旬
空化氣不真非為美即令全局終無偽再將本局
細參取從何宮飛向何地穿田過峽堪尋逶更看
歸局歷幾辰細考變胎可脱體若得節次入生鄉

此是佳城天付汝上局得令左偏宜中元依中下
右取須從節氣別元情得令失令因時舉
門户休咎易得徵只看陰陽貴人星陽宮吉星門發
早陰吉星臨户後興門吉户凶後漸替户吉門凶
先拂情若是門户全凶吉始終如類說前程
三甲區分左右中龍穴砂水定其中開闔就裏有徵
妙用神得地是還宮返首兮回龍顧祖跌穴兮蛇
入龍窩虎狂兮須推左砂反跳龍走兮只怕左脉
奔騰遁格各有取用地遁得之喜非常假局是有
區分鬼假逢之大得利三詐之格下壙當論淺深
三勝之宮臨山誠為妙地得使而氣門遠補守門
而拱護森嚴三門四户切莫刑傷符使與時元日
元天馬私門要值六合九天與直使直使蛇矯而
穴情不寔須防道路穿傷雀投江而案砂低缺還
疑元神直流伏於飛干此地必有更變猶恐異日
作邉場飛宮伏宮此穴必見凶咎還疑蟻虫與風

透大格小格水不朝而反射刑格悖格砂不合而
閑塲熒入兮醜聲言非疊出白入熒兮屍糜棺朽
遭殃年月日時逢格悖龍穴砂水可消詳五不遇
兮人丁不旺六儀刑矣財帛分張入墓羅網拱護
皆帶刑煞返伏門迫此山那得禎祥符使休囚縱
塟而不發時日刑害雖用而不良兩元納音無刑
旛符使生旺葬之良

古安葬遷改

此時日合貴人祿馬合山頭龍神生旺有氣為上如
其龍旺於某季在春夏秋冬二十四氣之內案陰
陽二遁取用日時合太陽照臨向坐若太陰太陽
映照更美其乙丙丁六儀不臨絕之時合於吉格
與亡命祭主山運分金補洩得宜水口相生相合
並門宮有可得死景生門到坐餘門到向相生乃
萬全之吉也

又訣云

以本星為龍穴以飛門為砂水總以得奇得門得詐為吉又以星門之旺相為吉主星尅飛門先發財而後添丁飛門尅主星損丁而後破財主星生飛門雖無刑害而盜財又愁退散飛門生主星事出無心而名利自得雙全且我受生而宜旺旺則生之者有力我受尅者宜衰衰則尅之者無權星門比合者平平倘我星門自坐旬空者雖得奇門雖逢吉格終以虛花之穴倘我星門本非旬空忽然

飛到旬空上者龍脉雖有落穴不真必定砂飛水走元神未聚真氣未收焉可為吉又有一等星吉門吉奇到詐到可稱旁伏而六庚忽然加臨者得意中未免刑傷或見本星本門猶所宜至於逃走挨江羅網擊刑諸格雖未為甚美而我星門生尅如意者幾徽疵不足為患欲知朝案山朝向流宮是也假如符宮是主星是天蓬使門流宮是震宮非乾巽則巳亥辰戌是也主星是蓬流宮是離非

子午則癸丁是也主星是蓬流宮是坤非艮坤則寅申丑未是也餘倣此欲知來龍之所屬問所歷之原宮是也假如陽一局冬至用丙寅子時起坎丑時起坤寅時方到木宮知木火之來龍必由坤申入手其餘陰遁逆行凡龍可以類推欲知穴情之高下淺深看主星之下符宮是也符宮是坎其穴必低而陷非弦口則近水穴符宮是坤非土阜則旱陽田穴也符宮是震非喬松古木之下則寺

院大路也符宮是巽其穴必半高而潤下且在趺林修竹間符宮是乾非怪石之旁必居巔頂符宮是兌穴近側潤符宮是艮穴在山谷符宮是離非騎龍斬關即仰天湖穴也欲知龍之發祖纏護長短委曲當與主星之起宮逐宮推之自見乃如符吉使凶富貴不能久長符凶使吉乃虛偽假花終不可扦也

身命門

身命占

符　發軔之始　氣槩雄偉　羊質虎皮

陰　人人暗算　沉滞猥小　深謀遠慮

勾　事多磨折　果敢執拘

白　凶勇威權　道路驚恐

滕　口舌虛驚　奸佞心毒　委曲宛轉

六　親朋招撫　和藹慈祥　易惑易動

朱　詞訟是非　巧辯能文

玄　欺詐奸邪

地　宜防陰阻　深机大度　陰險莫測

天　出谷喬遷　軒昂大方　虛張聲勢

休　利謁見　安藏固執　事屈而伸

生　利經營　机緣待時　鳴則驚人

傷　宜捕獵　得時名振　失令殘損

杜　好遮攔　資素時潜　隱匿秘密

景　報書　利見大人　文書信息

死　吊死　收積財物　喪吊行刑

驚　橋訟　聲名振世　肅殺虛驚

開　利遠行　遠舉圖謀　營造市價

甲 穩重 君兄父師 高人君子

乙 風流 相弟姑妹 僧道藝術

丙 躁急 兒外甥位 詩人騷客

丁 佞柔 孫女使 媒妁

戊 執拗 妾建步

己 忠直 妻婢農人 土工

庚 頑險 祖父將帥 軍技

辛 陰惡 祖母陶冶 匠危

壬 和媚 母牙客行 腳役穩婆

癸 慳直 母姨參謀 博士

蓬 鬚黑肥濁 勇猛沉滯

任 矮跎跛長 詭非師巫

沖 五表清奇 善辨音律

輔 清秀歌訣 文雅和順

禽 端正敦實 忠良正直

英 棗面赤鬚稀 鬆麻斑聰穎

芮 黑矮肥胖 拘執忍耐

柱 長亮雄狠 剛愎險忌

心 潤面重腮大耳 果斷辨才

一 申子辰 得令才名雙美 失令風流蕩子

四 節氣

七 巳酉丑 得令威名伏衆 失令刑尅險惡

二 羅土 得令富厚 失令奔馳

五 節氣

八 四庫土 得令有權 失令執滯破財

三 寅午戌 得令聰明靈詐 失令有始無終

六 節氣

九 亥卯未 得令清秀文墨 失令匠作詭譎

榮貴責天門富貴責地戶門戶合陽宮陽星得時令者近貴軒昂門戶合陰宮陰星背時令者奸險宵小

孟甲多慷慨開主魁武閤主瘦長又或踱跛

季甲多敦厚開則刑沖閤則慳澁孤獨

仲甲多瀟洒開主飄蕩閤主刑害又或僧道藝術

日干為身時干命納音之中運氣定身命無傷是吉胎納音生扶事業成得化當時不刑傷此君名望

人欽敬最怕身命值休囚祖業於今應無剩納音
再若傷命身作事多歧壽恐竟
直符論人直使事十千人物星性情九宮元論來歷
門戶開闔事業因歲月日時行年命宮分泊落細
推尋已過將來及時旺子父財官逐類分
大凡直符泊空鄉生平事業半虛張年命再值刑格
墓只疑前程不久長次及歲月及時干不值刑格
事多歡其中有一失宮次根苗花果分類看

直使從來論作為逢生乘旺始相宜倘值刑害兼格
墓所謀未許遂心期從旁檢點年命上次及四干
之所依五凶三合并空廢休咎其間另有机
奇儀九處序六親各從起宮辨來因甲符宮元時元
旺得生得使亨利貞次察奇儀分八卦空陷墓絕
論親姻年命忻逢三六會筭來人物自區分
九星自古別性情各隨五行考義經孤虛旺相暨年
命逐一參考自得靈

九宮起元考系派會局得時多貴介遂類用神考旁
宮作述興廢類內載
三門四戶合陽開年命逢之顯者來如若背令值陰
闔作事間阻巧中呆
凡查占造化須查本命行年隸何卦氣當令不當令
已過及將來以斷其生平時運之臧否次及本日
干支之納與正時干支之納生旺尅支何如以斷
其時下事業之興衰直符起元何宮原屬本局何

親令行臨仰卦旺相生尅何如又或子入父垣妻
穰妻位從中斟酌自得消息再詳直使以定其目
下之作為會合年命以覩其變化之妙且如父占
子則看兒舍夫占妻則論妻神遂將所值之星以
察其心事人品更加詳於門戶開闔三甲陰陽自
得玄妙矣
至於螣蛇嘀金憂唇吻墜水生灾非太陰到辰也裸
體或承羞六合臨酉陰謀忌勾陳卯位公事擾到

艮中庚閑毆嗔白虎驚柱啣刀可畏朱雀杜景喧
噪堪熫玄武居乾不能終勢九地杜死沒齒無聞
九天生開雲龍變化
甲乙向春榮丙丁逢夏盛戊己喜黄帝司權庚辛愛
白帝進氣壬癸冬令谿達超羣甲得乙而正中可
風乙遇庚而剛柔相濟丙合辛而施威丁見壬而
陷媚戊癸剛決宵小無緣八宮互合護藹吉人各
宮偏黨硜硜匹夫合中帶刑美中不足凶空言實

樂有餘從其相生避其相尅年命日時忝完自得
龍返首而人事順美鳥跌穴而聲名顯揚得適利以
權變逢詐自能斡旋使得意外有助守門出入亨
通五假机謀出衆三勝胆畧過人蛇妖矯而作事
虛驚雀投江而文書遺失伏干出遺則物飛干恃
强自傷伏宮須防盜賊飛宮事業消亡大格小格
凡謀不過刑格悖格禍起蕭墻白入熒兮宜防外
敵熒入白兮仇敵自亡龍逃兮防身灾晦虎狂兮

財物分張五不遇兮凡謀蹭蹬羅網張兮出入宜
防六儀擊刑而凶灾各别三奇入墓而圖謀不楊
反伏二吟多啾唧吉凶門迫果非詳天馬吉門臨
命上策驥生方永無殃此是吉門身命訣留與達
者辨行藏

又訣云

終身當分天地人三盤而斷主星管少年之造化主
門管中年之造化主宫管末年之造化然又以主

星為主凡人得吉門者其人出自名門得凶門者
其人出自尋常之門第然門有盛衰理取榮枯厥
道甚微天星魁飛門者名利得意飛魁主者刑傷
並見主星生飛門者而衰殃踵至飛門生主星者
雖無干祿之心而名利坐獲星門生魁如意又逢
美格吉星門生魁如意而格未全美吉中有疵吉
門不如意而遇吉格凶中有救遇凶格分外多凶
吉門魁戕凶而不險凶門魁戕毒而且深更以旺

相叅之無不應驗矣
飛門是休門生我者應得利於北方或得利於羽音
占水之人或魚鹽舟楫上輔心逢旺令必書香得
吉
生門生我者應利於東北或得利於宮音土體之人
山林田地上輔心逢旺令厚而且厚八門可旁通
而悟也欲知六宮休囚之驗可於餘宮定之
如主星是天蓬天心為父天柱為母又星為父門為

母天冲為男天輔為女天芮天任為官鬼天英為
妻財隨其生尅而斷之欲占父母之壽宜看天心
開門之落位欲占父母之墳塋宜看天心飛到地
盤下之一干從本干上起長生尋到墓位如地盤
下是庚即以巳上起長生艮宮乃其父墓看上星
門何如生尅何如則吉凶了然矣看是金星火星
即知本山所屬之形體看本塋之坐方即知其墳
之向道矣其餘一一皆可類推

又占壽法

人以九十歲為率每宮十年天冲落宮與死門落宮遠近以定其數天冲帶旺相一生無患有休囚廢沒常有坎坷占者將乙經過去壽數除訖以所得餘宮壽數餘論斷之陽遁順行九宮陰遁逆行九宮年至三旬得四數除三十有十年壽數年至六十得九數除六十還有三十壽數餘倣此

奇門廬中闡秘卷之一終